AF187609

Impressum
Verlag: BABADADA GmbH, Nedderfeld 112 , 22529 Hamburg
Geschäftsführer / Verlagsleitung: Harald Hof
Druck: Books on Demand GmbH, In de Tarpen 42, 22848 Norderstedt

Imprint
Publisher: BABADADA GmbH, Nedderfeld 112 , 22529 Hamburg, Germany
Managing Director / Publishing direction: Harald Hof
Print: Books on Demand GmbH, In de Tarpen 42, 22848 Norderstedt

sekolah
學校

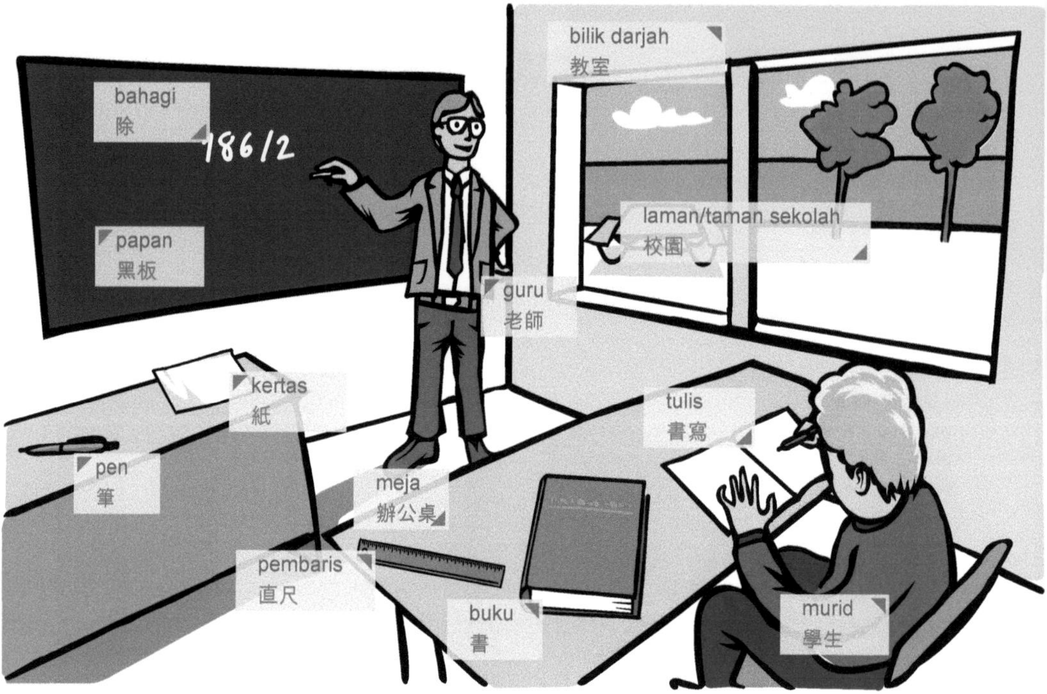

bilik darjah
教室
bahagi
除
186/2
papan
黑板
laman/taman sekolah
校園
guru
老師
kertas
紙
tulis
書寫
pen
筆
meja
辦公桌
pembaris
直尺
buku
書
murid
學生

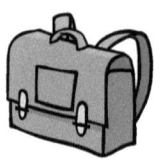

beg galas
書包

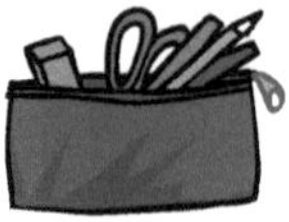

kotak pensel
鉛筆盒

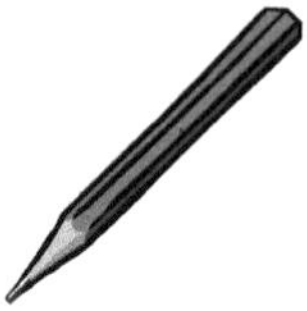

pensel
鉛筆

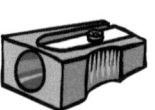

pengasah pensel
削鉛筆機

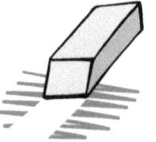

pemadam
橡皮擦

kertas lukisan
畫板

melukis

圖畫

berus lukis

畫筆

kotak warna

顏料盒

gunting

剪刀

gam

膠水

buku latihan

練習冊

kerja rumah

家庭作業

12

nombor

數字

2+2

tambah

加

5-2

tolak

減

2×2

darab

乘

kira

計算

A

huruf

字母

ABCDEFG
HIJKLMN
OPQRSTU
VWXYZ

abjad

字母表

hello

kata

字

teks

課文

baca

讀

kapur

粉筆

pelajaran

上課

daftar

登記

peperiksaan

考試

sijil

證書

uniform sekolah

校服

pendidikan

教育

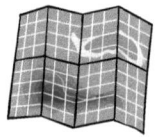

ensiklopedia

百科全書

universiti

大學

mikroskop

顯微鏡

peta

地圖

bakul sampah

廢紙簍

berjalan
旅行

hotel
飯店
Grand
asrama
青年旅社
ROOMS
EXCHANGE
pejabat tukaran mata wang
外幣兌換處
beg pakaian
手提箱
kereta
汽車

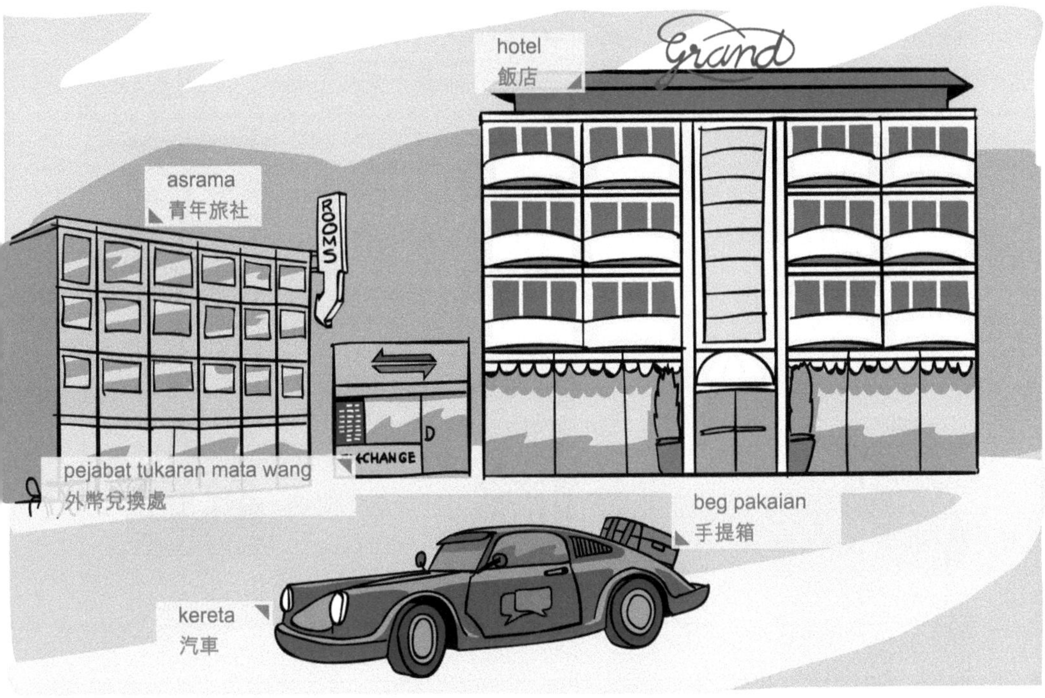

bahasa

語言

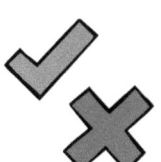

ya / tidak

是/否

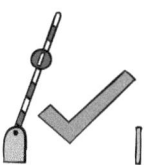

okey

好的

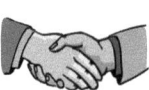

helo

您好

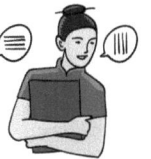

penterjemah

翻譯人員

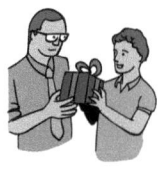

Terima kasih

謝謝

berapa banyak...?

......多少錢？

saya tidak faham

我不明白

masalah

問題

Selamat petang!

晚上好！

Selamat Pagi!

早上好！

Selamat Malam!

晚安！

selamat tinggal

再見

arah

方向

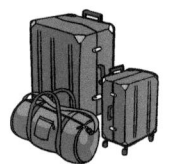

bagasi

行李

beg

包

beg galas

背包

tetamu

客人

bilik tidur

房間

beg tidur

睡袋

khemah

帳篷

maklumat pelancong

旅行資訊

pantai

海灘

kad kredit

信用卡

sarapan

早餐

makan tengah hari

午餐

makan malam

晚餐

tiket

票

lif

電梯

setem

郵票

sempadan

邊界

kastam

海關

kedutaan

大使館

visa

簽證

pasport

護照

pengangkutan
交通運送

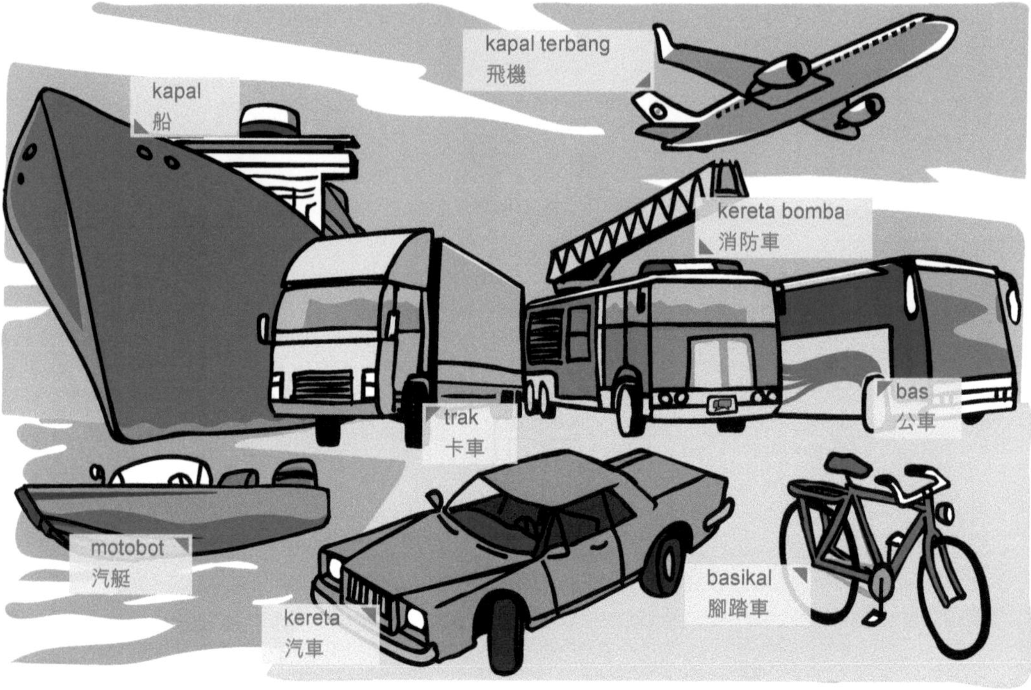
kapal terbang
飛機
kapal
船
kereta bomba
消防車
trak
卡車
bas
公車
motobot
汽艇
basikal
腳踏車
kereta
汽車

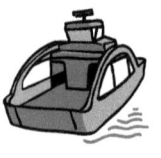

feri

渡輪

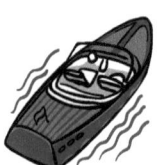

bot

小船

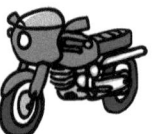

motosikal

機車

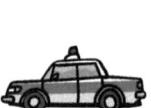

kereta polis

警車

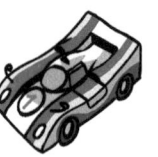

kereta lumba

賽車

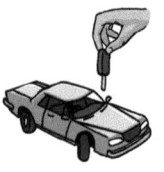

kereta sewa

租車

berkongsi kereta

拼車

trak tunda

拖車

trak menolak

垃圾車

motor

馬達

bahan api

汽油

stesen minyak

加油站

tanda trafik

交通標識

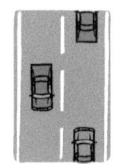

trafik

交通

kesesakan lalu lintas

交通堵塞

tempat parkir

停車場

stesen kereta api

火車站

trek

軌道

kereta api

火車

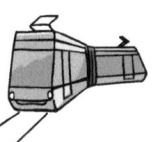

trem

路面電車

gerabak

客車廂

helikopter

直升機

lapangan terbang

機場

Menara

塔

penumpang

乘客

bekas

集裝箱

kadbod

紙板箱

kart

手推車

bakul

籃子

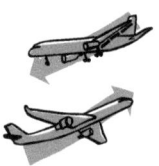

berlepas / mendarat

起飛/降落

bandar

城市

kampung

村莊

pusat bandar

市中心

rumah

房子

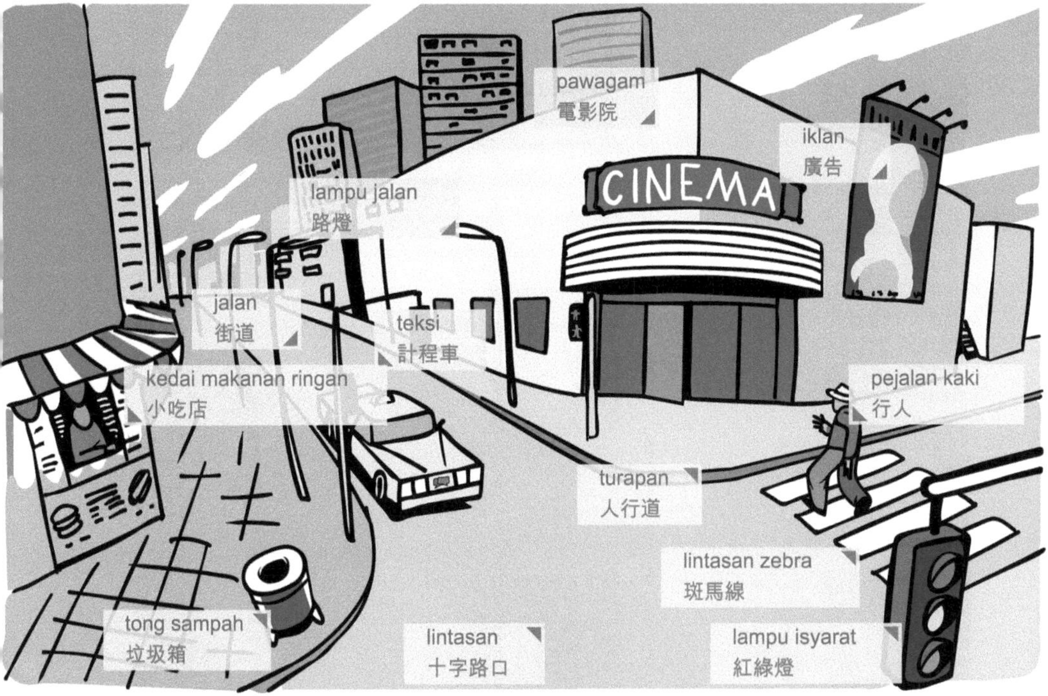

pawagam
電影院

iklan
廣告

lampu jalan
路燈

CINEMA

jalan
街道

teksi
計程車

kedai makanan ringan
小吃店

pejalan kaki
行人

turapan
人行道

lintasan zebra
斑馬線

tong sampah
垃圾箱

lintasan
十字路口

lampu isyarat
紅綠燈

pondok

小屋

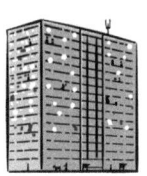

flat

公寓

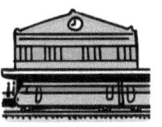

stesen kereta api

火車站

dewan bandar

市政廳

muzium

博物館

sekolah

學校

universiti

大學

bank

銀行

hospital

醫院

hotel

飯店

farmasi

藥房

pejabat

辦公室

kedai buku

書店

kedai

商店

kedai bunga

花店

pasar raya

超市

pasaran

市場

gedung

百貨商店

penjual ikan

魚店

pusat membeli-belah

購物中心

pelabuhan

海港

taman

公園

bangku

長凳

jambatan

橋

tangga

樓梯

bawah tanah

捷運

terowong

隧道

hentian bas

公車站

bar

酒吧

restoran

餐館

peti surat

郵筒

papan tanda jalan

路標

meter parkir

停車計時器

zoo

動物園

kolam renang

游泳池

masjid

清真寺

ladang

農場

pencemaran

污染

tanah perkuburan

墓地

gereja

教堂

taman permainan

操場

kuil

寺廟

landskap
地形

daun
樹葉

tiang tanda
指示牌

jalan
路

padang rumput
草地

batu
石頭

pejalan kaki
徒步旅行者

pokok
樹

sungai
河

rumput
草

bunga
花

lembah

峽谷

bukit

丘陵

tasik

湖

hutan

森林

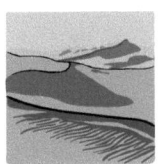

padang pasir

沙漠

gunung berapi

火山

istana

城堡

pelangi

彩虹

cendawan

蘑菇

pokok kelapa sawit

棕櫚樹

nyamuk

蚊子

terbang

蒼蠅

semut

螞蟻

lebah

蜜蜂

labah-labah

蜘蛛

kumbang

甲蟲

katak

青蛙

tupai

松鼠

landak

刺蝟

arnab

野兔

burung hantu

貓頭鷹

burung

鳥

angsa

天鵝

babi jantan

野豬

rusa

鹿

moose

麋鹿

empangan

水壩

turbin angin

風力發電機

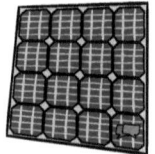

panel solar

太陽能電池板

iklim

氣候

pelayan
服務生

menu
菜譜

kerusi
椅子

sup
湯

piza
披薩餅

alas meja
桌布

kutleri
餐具

pemula
前菜

hidangan utama
主菜

pencuci mulut
甜點

minuman
飲料

makanan
食物

botol
瓶子

makanan segera

速食

makanan jalanan

街邊小吃

teko

茶壺

mangkuk gula

糖盒

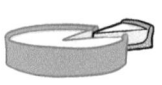

bahagian

一份飯菜

mesin espreso

義式咖啡機

kerusi tinggi

高腳椅

bil

帳單

dulang

托盤

pisau

刀

garfu

餐叉

sudu

勺子

sudu teh

茶匙

serviette

餐巾

gelas

玻璃杯

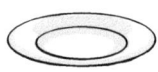

pinggan

碟子

mangkuk sup

湯盤

piring

碟子

sos

醬

tempat garam

鹽瓶

pengisar lada

胡椒研磨罐

cuka

醋

minyak

食用油

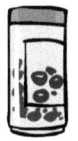

rempah

調味料

sos

番茄醬

mustard

芥末

mayones

美乃滋

pasar raya

超市

tawaran istimewa
特價
FOR
pelanggan
顧客
tenusu
乳製品
buah-buahan
水果
troli
購物車

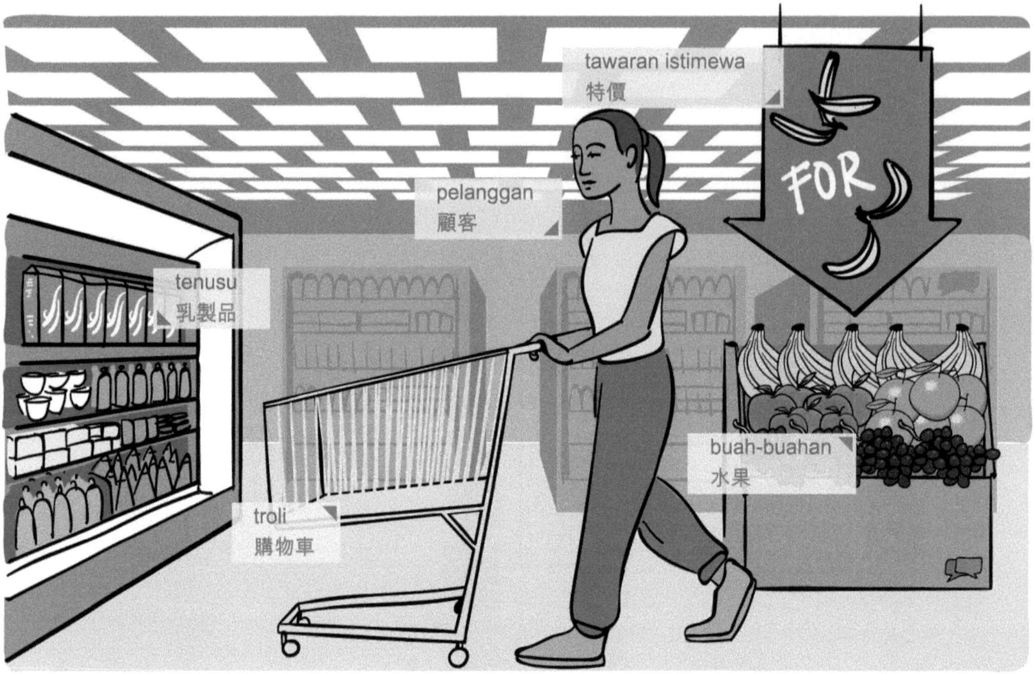

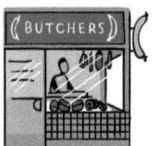

BUTCHERS

tukang daging

肉鋪

BAKERY

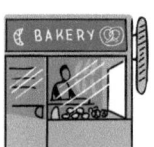

kedai roti

麵包店

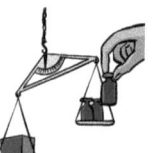

berat

稱重

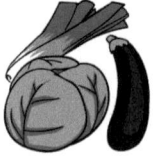

sayur-sayuran

蔬菜

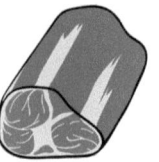

daging

肉

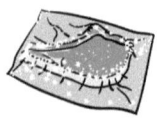

makanan sejuk beku

冷凍食品

daging sejuk

冷盤

makanan dalam tin

罐頭食品

serbuk pencuci

洗衣粉

gula-gula

甜食

produk isi rumah

日用品

produk pembersihan

清潔用品

orang jualan

銷售員

daftar tunai

收銀機

juruwang

收銀員

senarai membeli-belah

購物清單

waktu pembukaan

開放時間

beg duit

錢包

kad kredit

信用卡

beg

袋子

beg plastik

塑膠袋

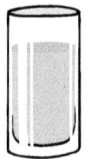

air

水

jus

果汁

susu

牛奶

kola

可樂

wain

紅酒

bir

啤酒

alkohol

酒

koko

可可

the

茶

kopi

咖啡

espreso

義式濃縮咖啡

kapucino

卡布奇諾

pisang

香蕉

epal

蘋果

oren

柳丁

tembikai

西瓜

lemon

檸檬

lobak merah

胡蘿蔔

bawang putih

大蒜

buluh

竹子

bawang

洋蔥

cendawan

蘑菇

kacang

堅果

mi

麵條

spageti

義大利麵

nasi

米飯

salad

沙拉

kerepek

薯條

kentang goreng

炸馬鈴薯

piza

披薩餅

hamburger

漢堡

sandwic

三明治

kutlet

炸豬排

ham

火腿

salami

義大利臘腸

sosej

香腸

ayam

雞肉

panggang

烤肉

ikan

魚

bubur oat

燕麥片

muesli

木斯里

emping jagung

玉米片

tepung

麵粉

kroisan

牛角麵包

roti roll

麵包捲

roti

麵包

roti bakar

吐司

biskut

餅乾

mentega

奶油

dadih

凝乳

kek

蛋糕

telur

蛋

telur goreng

煎蛋

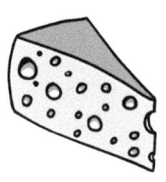

keju

起司

ais krim

冰淇淋

gula

糖

madu

蜂蜜

jem

果醬

krim nougat

巧克力醬

kari

咖哩

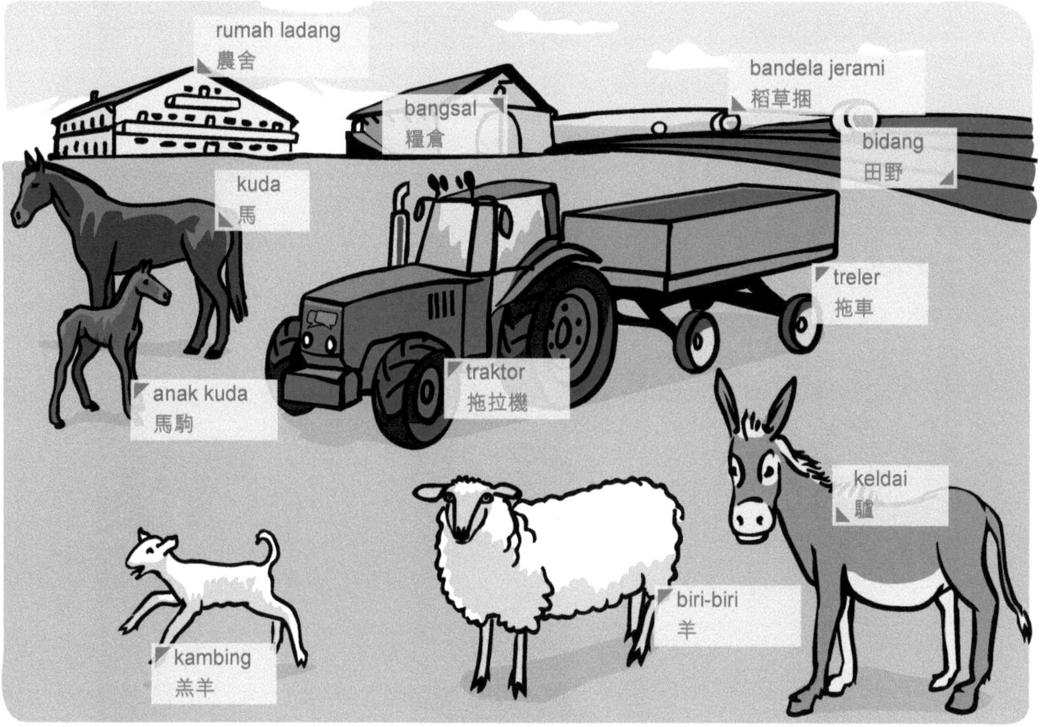

rumah ladang
農舍

bandela jerami
稻草捆

bangsal
糧倉

bidang
田野

kuda
馬

treler
拖車

anak kuda
馬駒

traktor
拖拉機

keldai
驢

biri-biri
羊

kambing
羔羊

kambing

山羊

lembu

奶牛

anak lembu

小牛

babi

豬

anak babi

小豬

lembu

公牛

angsa

鵝

itik

鴨

anak ayam

小雞

ayam betina

母雞

ayam jantan muda

公雞

tikus

鼠

kucing

貓

tikus

老鼠

lembu jantan

牛

anjing

狗

rumah anjing

狗屋

hos taman

花園澆水軟管

bekas siraman

澆水壺

sabit

長柄大鐮刀

bajak

犁

sabit

鐮刀

cangkul

鋤頭

serampang peladang

長柄草耙

kapak

斧頭

kereta sorong

獨輪手推車

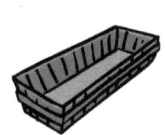

palung

飼料槽

tin susu

牛奶罐

karung

麻布袋

pagar

柵欄

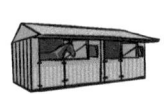

stabil

馬廄

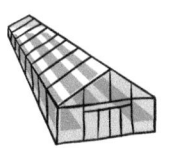

rumah hijau

溫室

tanah

土壤

benih

種子

baja

肥料

jentuai

聯合收割機

tuai

收割

menuai

收割

keladi

地瓜

gandum

小麥

soya

大豆

kentang

土豆

jagung

玉米

biji sawi

油菜籽

pokok buah-buahan

果樹

ubi kayu

樹薯

bijirin

穀物

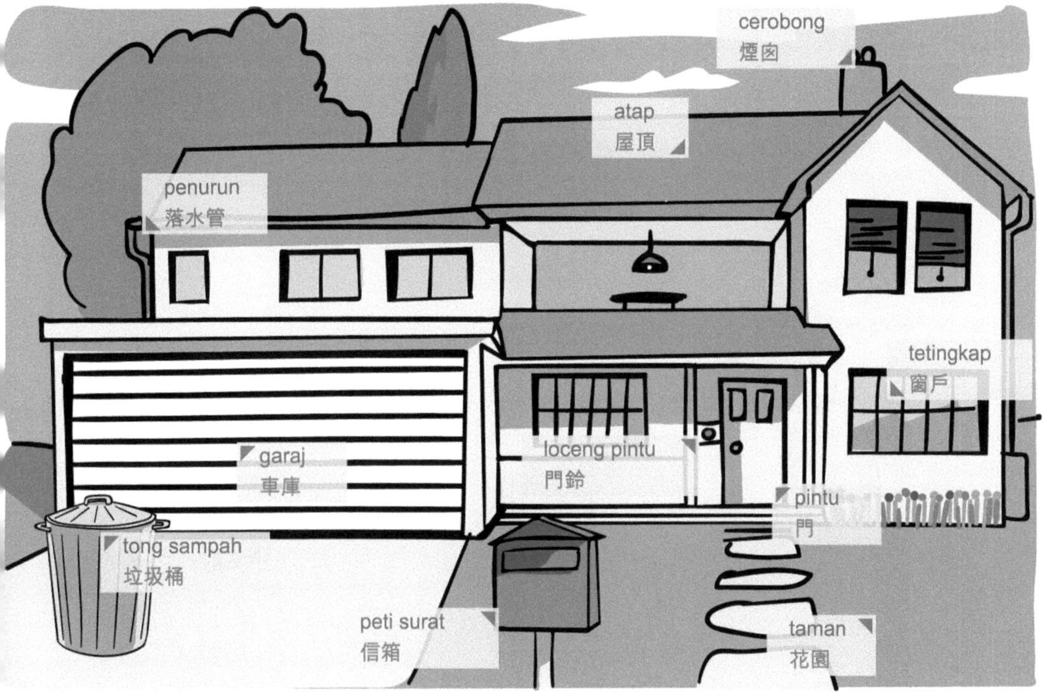

cerobong
煙囪

atap
屋頂

penurun
落水管

tetingkap
窗戶

garaj
車庫

loceng pintu
門鈴

pintu
門

tong sampah
垃圾桶

peti surat
信箱

taman
花園

ruang tamu

客廳

bilik air

浴室

dapur

廚房

bilik tidur

臥室

bilik kanak-kanak

兒童房

ruang makan

餐廳

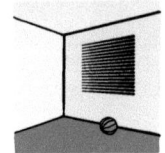

lantai

地板

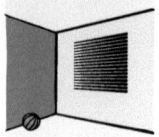

dinding

牆壁

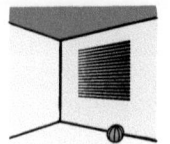

siling

天花板

bilik bawah tanah

地窖

sauna

三溫暖

balkoni

陽臺

teres

露臺

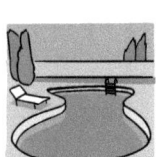

kolam renang

游泳池

pemotong rumput

割草機

lembaran

被單

penutup tilam

床罩

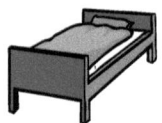

katil

床

penyapu

掃帚

timba

水桶

suis

開關

ruang tamu
客廳

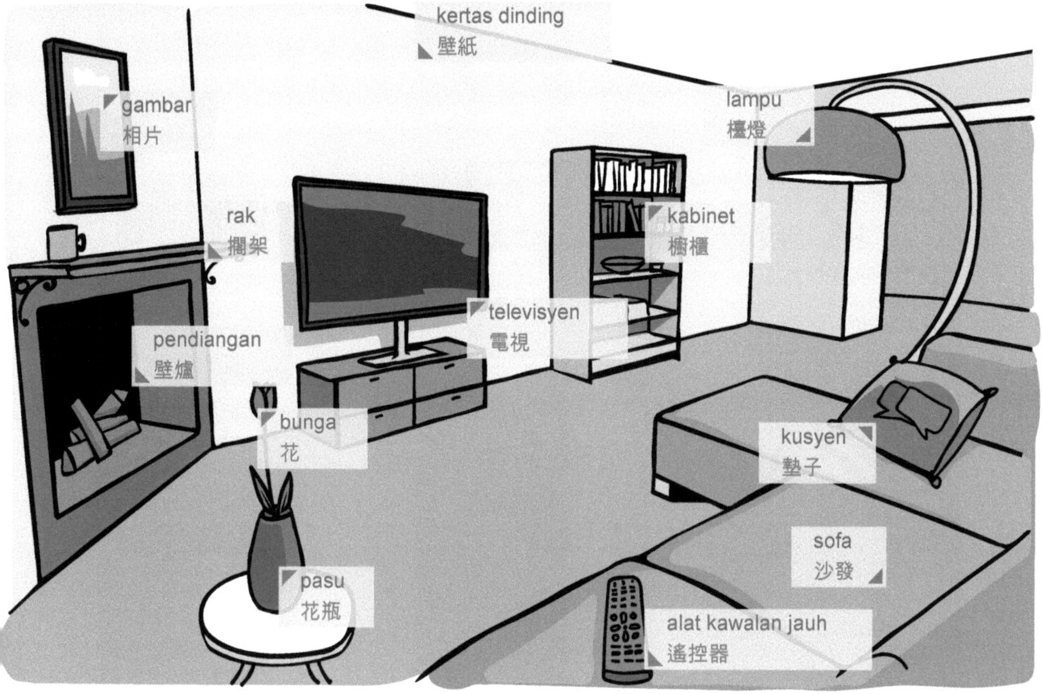

kertas dinding
壁紙
gambar
相片
lampu
檯燈
rak
擱架
kabinet
櫥櫃
televisyen
電視
pendiangan
壁爐
bunga
花
kusyen
墊子
sofa
沙發
pasu
花瓶
alat kawalan jauh
遙控器

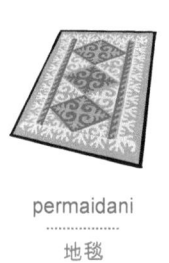

permaidani
地毯

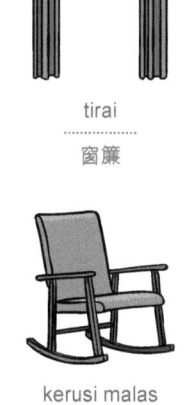

tirai
窗簾

meja
餐桌

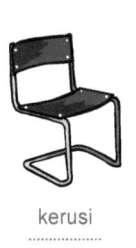

kerusi
椅子

kerusi malas
搖椅

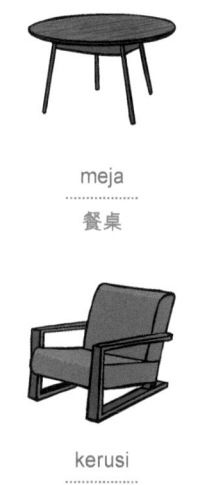

kerusi
扶手椅

buku

書

selimut

毯子

hiasan

裝飾品

kayu api

木柴

filem

電影

hi-fi

高傳真音響

kunci

鑰匙

akhbar

報紙

lukisan

油畫

poster

海報

radio

收音機

buku catatan

筆記本

penyedut habuk

吸塵器

kaktus

仙人掌

lilin

蠟燭

dapur
廚房

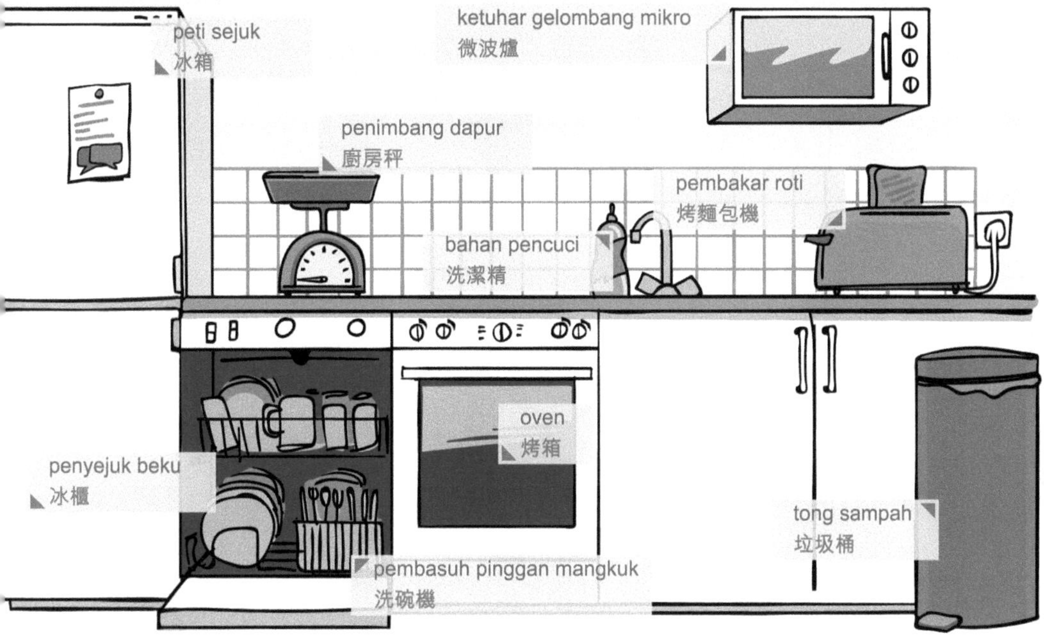

peti sejuk
冰箱
ketuhar gelombang mikro
微波爐
penimbang dapur
廚房秤
pembakar roti
烤麵包機
bahan pencuci
洗潔精
oven
烤箱
penyejuk beku
冰櫃
tong sampah
垃圾桶
pembasuh pinggan mangkuk
洗碗機

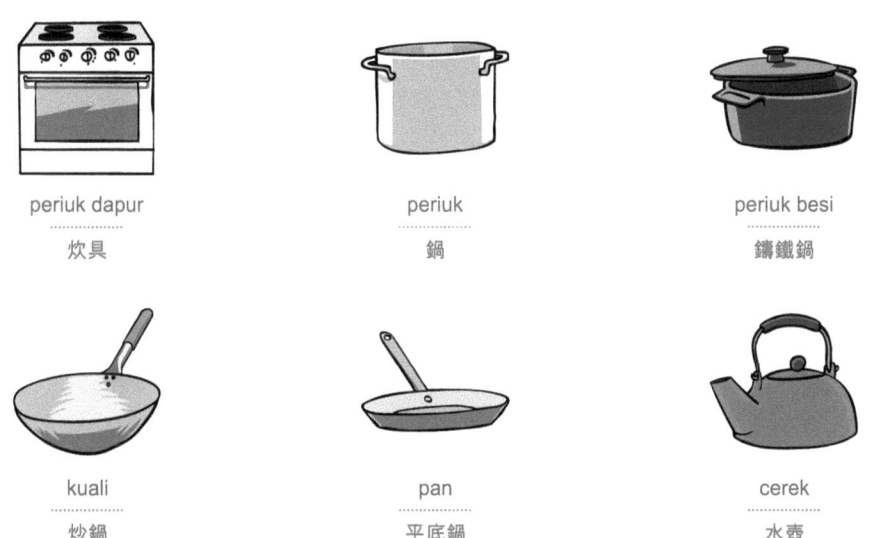

periuk dapur
炊具

periuk
鍋

periuk besi
鑄鐵鍋

kuali
炒鍋

pan
平底鍋

cerek
水壺

pengukus

蒸鍋

dulang pembakar

烤盤

pinggan mangkuk

陶瓷鍋

koleh

馬克杯

mangkuk

碗

penyepit

筷子

senduk

長柄勺

spatula

鏟子

pengadun

攪拌器

penapis

濾網

ayak

篩子

pemarut

磨碎機

mortar

研缽

barbeku

燒烤

pembakaran terbuka

明火

papan pencincang

菜板

pin golekan

擀麵杖

skru gabus

開瓶器

tin

罐子

pembuka tin

開罐器

pemegang periuk

隔熱手套

sinki

水槽

berus

刷子

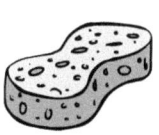

span

海綿

pengisar

攪拌機

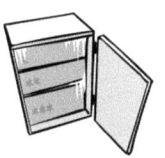

penyejuk beku

冷藏箱

botol bayi

奶瓶

paip

水龍頭

bilik air

浴室

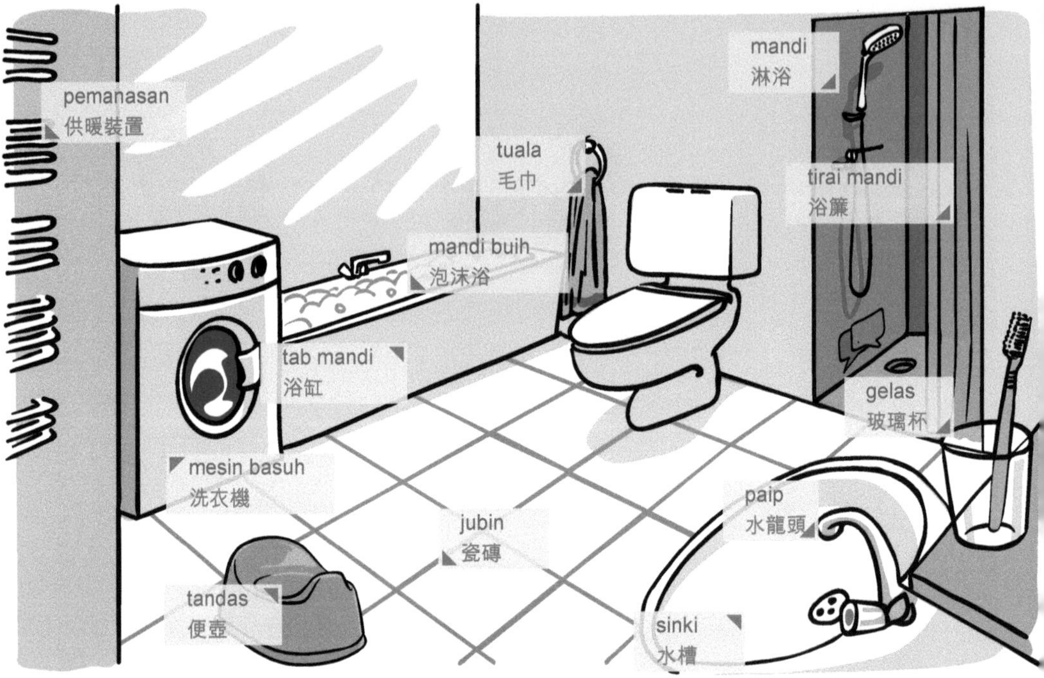

pemanasan
供暖裝置
mandi
淋浴
tuala
毛巾
tirai mandi
浴簾
mandi buih
泡沫浴
tab mandi
浴缸
gelas
玻璃杯
mesin basuh
洗衣機
paip
水龍頭
jubin
瓷磚
tandas
便壺
sinki
水槽

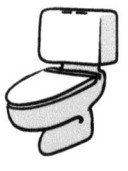

tandas
廁所

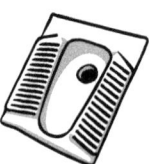

tandas mencangkung
蹲便器

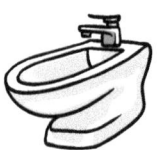

mangkuk tandas
坐浴器

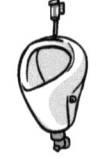

tandas awam
小便斗

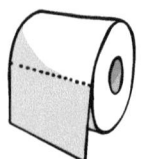

kertas tandas
廁紙

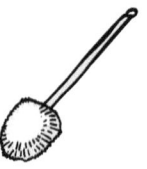

berus tandas
馬桶刷

berus gigi

牙刷

ubat gigi

牙膏

flos gigi

牙線

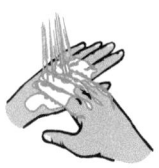

cuci

洗

mandian tangan

手持式蓮蓬頭

pancuran

沖洗器

besen

洗臉盆

belakang berus

洗背刷

sabun

肥皂

gel mandian

沐浴露

syampu

洗髮乳

flanel

法蘭絨

longkang

排水

krim

乳霜

deodoran

除臭劑

cermin

鏡子

cermin tangan

手鏡

pisau cukur

刮鬍刀

busa cukur

刮鬍泡沫

selepas cukur

鬍後水

sikat

梳子

berus

刷子

pengering rambut

吹風機

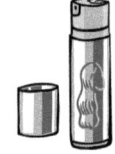

semburan rambut

噴髮定型劑

mekap

化妝品

gincu

唇膏

varnis kuku

指甲油

bulu kapas

化妝棉

gunting kuku

指甲剪

pewangi

香水

beg basuhan

洗漱包

bangku

凳子

skala berat

計重秤

jubah mandi

浴袍

sarung tangan getah

橡膠手套

kapas

衛生棉條

tuala wanita

衛生棉

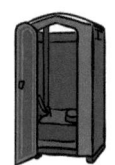

tandas kimia

化學廁所

bilik kanak-kanak

兒童房

jam loceng
鬧鐘
mainan kegemaran
毛絨玩具
kereta mainan
玩具車
kerincing bayi
撥浪鼓
rumah anak patung
玩具屋
hadiah
禮物

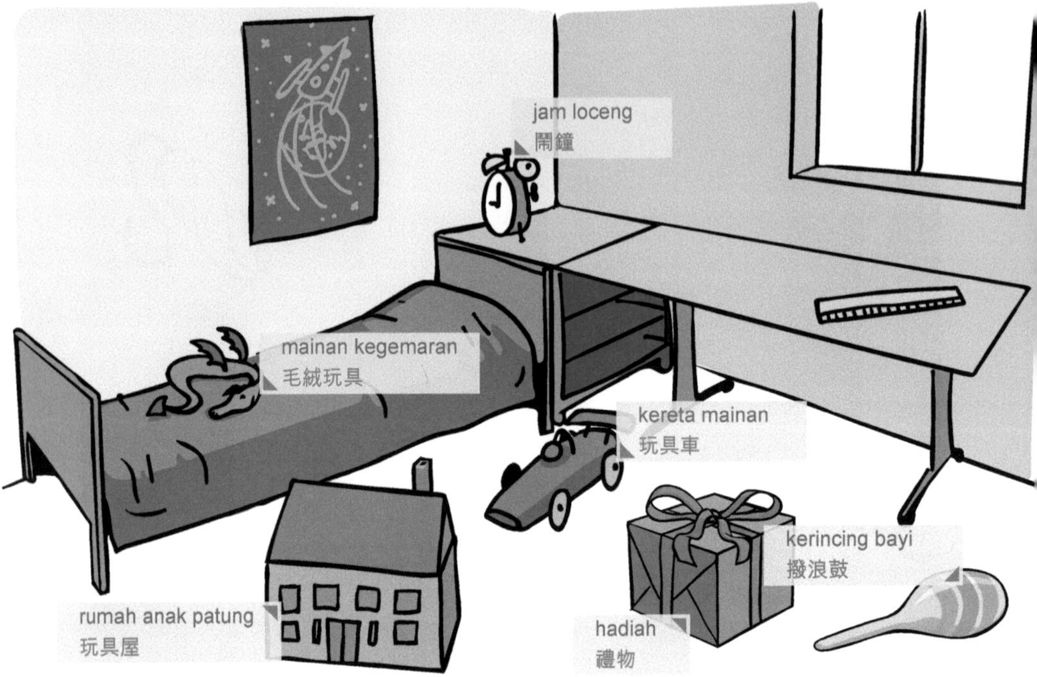

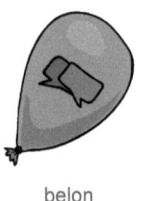

belon

氣球

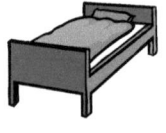

katil

床

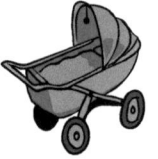

kereta sorong bayi

嬰兒車

set kad

撲克牌

susun suai gambar

拼圖

SUPER
MEGA

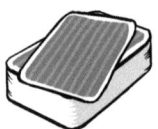

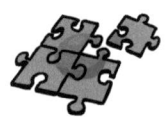

komik

漫畫

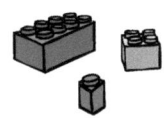

batu bata lego

樂高積木

blok mainan

積木玩具

figura aksi

公仔

baju bayi

嬰兒服

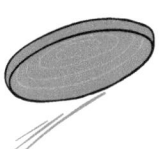

frisbee

飛盤

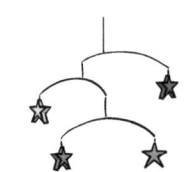

mainan bayi mudah alih

床鈴玩具

permainan papan

棋盤遊戲

dadu

骰子

set model kereta api

火車模型

palsu

安撫奶嘴

parti

派對

buku bergambar

繪本

bola

球

anak patung

洋娃娃

main

玩

lubang pasir

沙坑

buai

鞦韆

mainan

玩具

konsol permainan video

電玩遊戲

basikal roda tiga

三輪車

anak patung beruang

泰迪熊

almari pakaian

衣櫃

pakaian

衣服

stoking

襪子

stoking

長襪

ketat

緊身褲

skarf
圍巾

payung
雨傘

kemeja-t
T恤

g/keselamatan

but
靴子

selipar
拖鞋

kasut sukan
運動鞋

sandal	kasut	but getah
涼鞋	鞋	雨靴
seluar dalam	coli	ves
內褲	胸罩	背心

badan

身體

Seluar panjang

褲子

jean

牛仔褲

skirt

短裙

blaus

女式襯衫

kemeja

襯衫

baju panas sarung

套頭衫

sweater

連帽上衣

blazer

西裝夾克

jaket

夾克

kot

外套

baju hujan

雨衣

kostum

套裝

pakaian

連衣裙

baju pengantin

婚紗

sut

西裝

baju tidur

睡袍

baju tidur

睡衣

sari

莎麗

skarf kepala

頭巾

serban

包頭巾

burqa

波卡

kaftan

卡夫坦

abaya/jubah

(阿拉伯式)長袍

baju renang

泳衣

seluar renang

男式泳褲

seluar pendek

短褲

sut balapan

運動服

apron

圍裙

sarung tangan

手套

butang

鈕扣

cermin mata

眼鏡

gelang tangan

手鏈

rantai leher

項鍊

cincin

戒指

subang

耳環

topi

便帽

penyangkut kot

衣架

topi

帽子

tali leher

領帶

zip

拉鍊

topi keledar

安全帽

pendakap

背帶

uniform sekolah

校服

seragam

制服

lapik dada

圍兜

palsu

安撫奶嘴

lampin

尿布

pejabat
辦公室

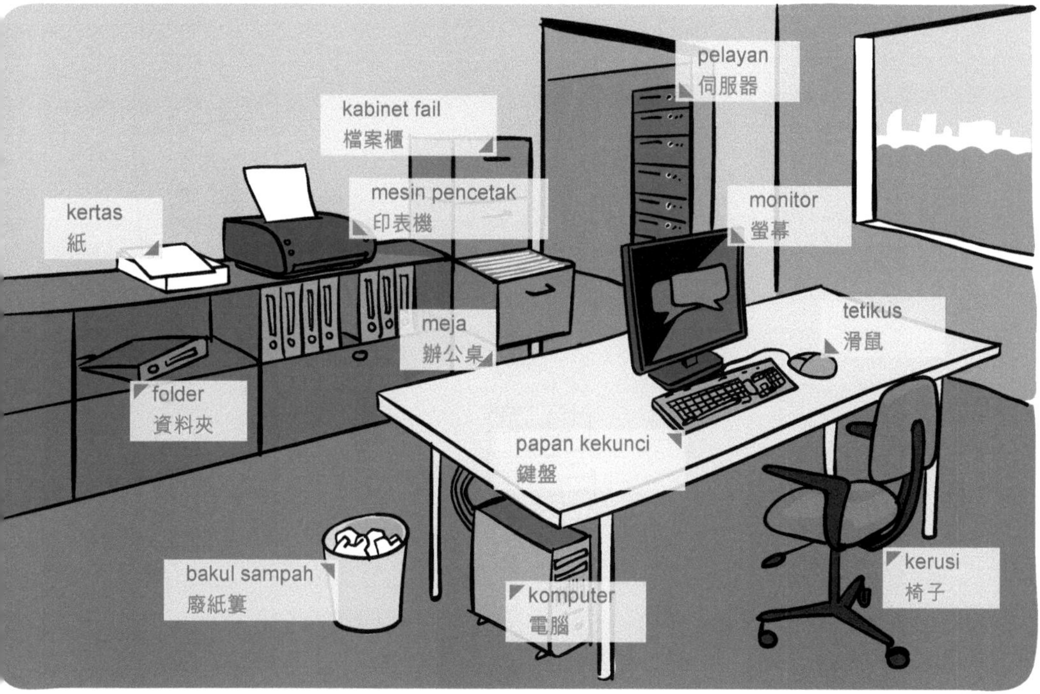

pelayan
伺服器

kabinet fail
檔案櫃

mesin pencetak
印表機

monitor
螢幕

kertas
紙

meja
辦公桌

tetikus
滑鼠

folder
資料夾

papan kekunci
鍵盤

bakul sampah
廢紙簍

komputer
電腦

kerusi
椅子

cawan kopi

咖啡杯

kalkulator

計算機

internet

網際網路

komputer riba

筆記型電腦

surat

信件

mesej

簡訊

mudah alih

行動電話

rangkaian

網路

mesin fotokopi

影印機

perisian

軟體

telefon

電話

soket plag

插座

mesin faks

傳真機

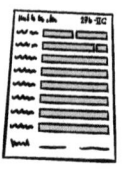

bentuk

表格

dokumen

檔案

beli

買

bayar

付錢

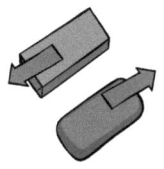

berdagang

交易

wang

現金

dolar

美元

euro

歐元

yen

日元

rubel

盧布

franc swiss

瑞士法郎

renminbi yuan

人民幣

rupee

盧比

mata tunai

提款處

pejabat tukaran mata wang

外幣兌換處

emas

金

perak

銀

minyak

石油

tenaga

能源

harga

價格

kontrak

合約

cukai

稅金

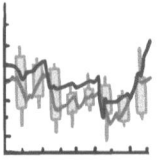

stok

股票

kerja

工作

pekerja

職員

majikan

老闆

kilang

工廠

kedai

商店

pekerjaan
職業

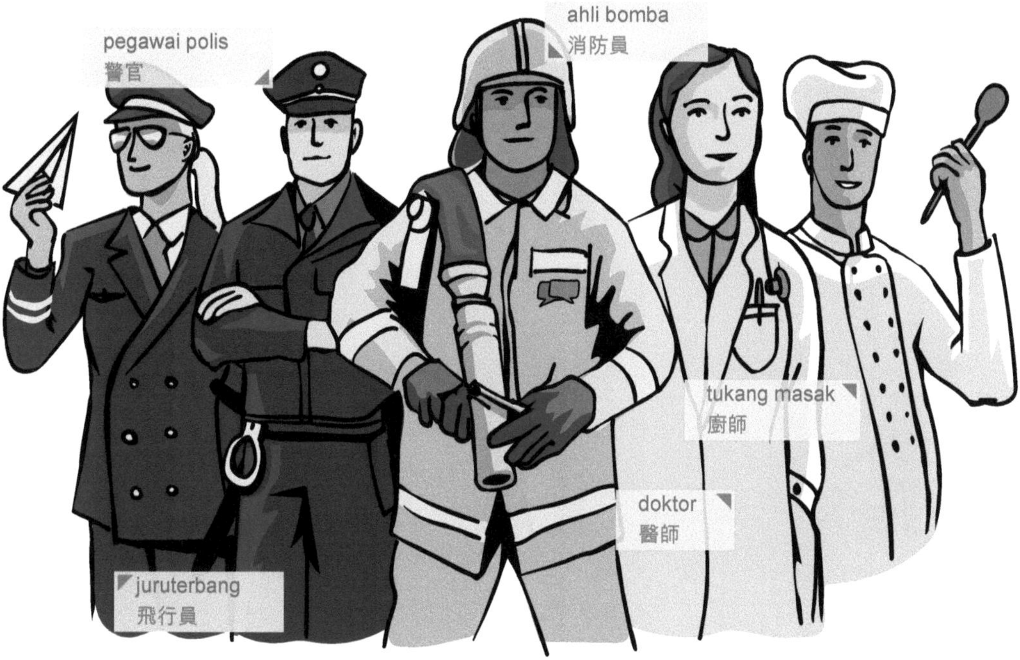
ahli bomba
消防員
pegawai polis
警官
tukang masak
廚師
doktor
醫師
juruterbang
飛行員

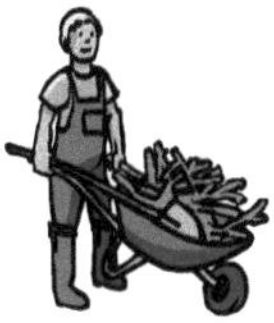

tukang kebun
園丁

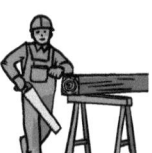

tukang kayu
木匠

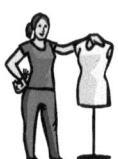

tukang jahit
裁縫

hakim
法官

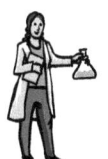

ahli kimia
化學家

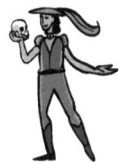

pelakon
演員

pemandu bas

公車司機

pemandu teksi

計程車司機

nelayan

漁夫

wanita pencuci

清洗女工

kasau

屋頂工

pelayan

服務生

pemburu

獵人

pelukis

畫家

bakeri

麵包師

juruelektrik

電工

pembangun

建築工人

jurutera

工程師

penjual daging

屠夫

tukang paip

水管工

posmen

郵差

askar

士兵

arkitek

建築師

juruwang

收銀員

kedai bunga

花農

pendandan rambut

理髮師

konduktor

售票員

mekanik

機械技師

kapten

船長

doktor gigi

牙醫

ahli sains

科學家

tuhanku

拉比

imam

伊瑪目

sami

和尚

paderi

牧師

alat

工具

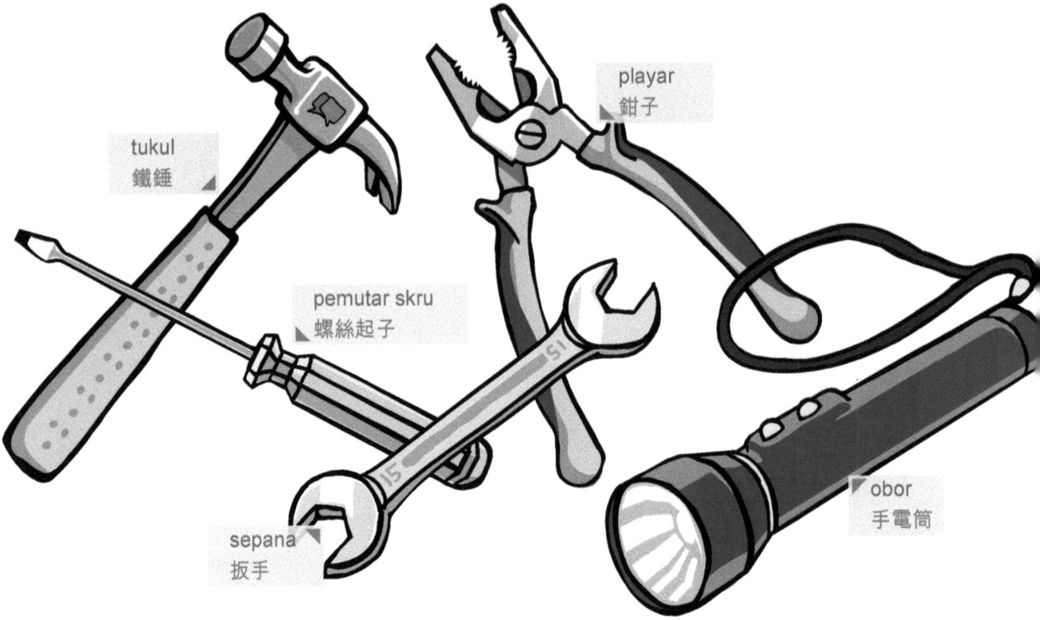

tukul
鐵錘
playar
鉗子
pemutar skru
螺絲起子
sepana
扳手
obor
手電筒

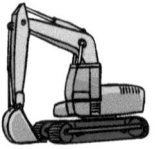

pengorek

挖掘機

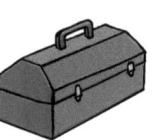

kotak peralatan

工具箱

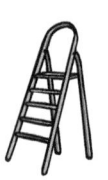

tangga

梯子

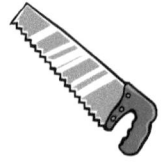

gergaji

鋸子

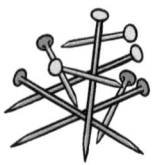

kuku

釘子

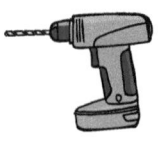

gerudi

鑽機

baiki

修

penyodok

鏟子

Celaka!

糟糕！

penadah sampah

畚箕

periuk cat

油漆桶

skru

螺絲

alat muzik

樂器

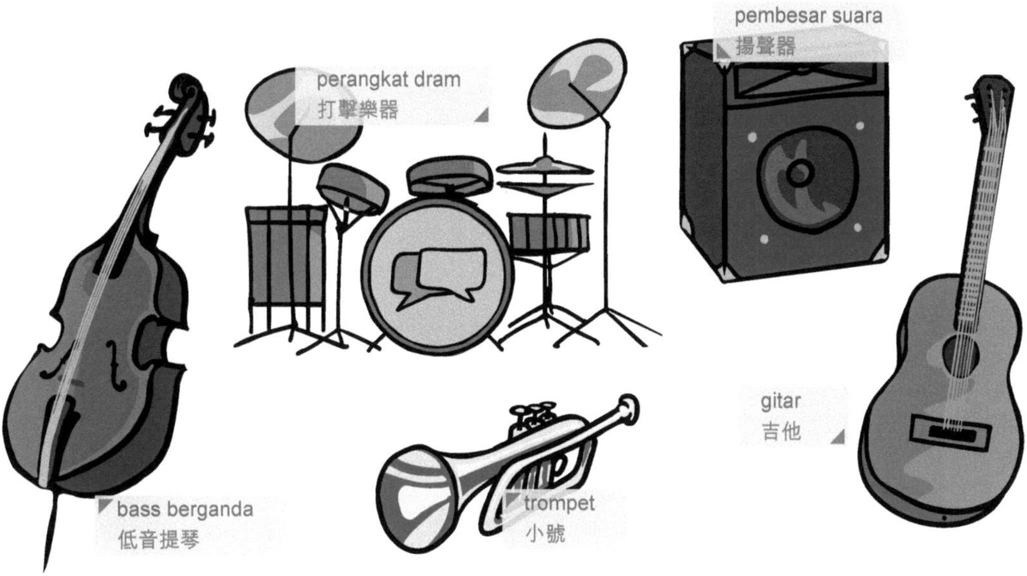

perangkat dram
打擊樂器

pembesar suara
揚聲器

gitar
吉他

bass berganda
低音提琴

trompet
小號

piano

鋼琴

biola

小提琴

bass

貝斯

timpani

定音鼓

dram

鼓

papan kekunci

電子琴

saksofon

薩克斯風

seruling

長笛

mikrofon

麥克風

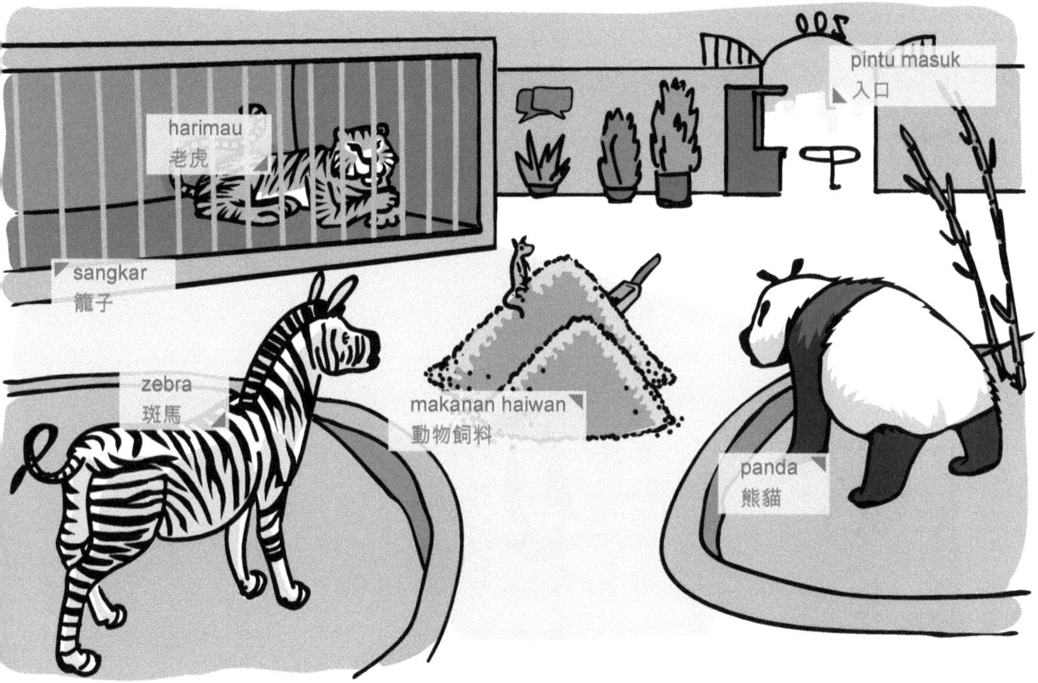

harimau
老虎

sangkar
籠子

zebra
斑馬

makanan haiwan
動物飼料

pintu masuk
入口

panda
熊貓

haiwan

動物

gajah

大象

kanggaru

袋鼠

badak sumbu

犀牛

gorila

大猩猩

beruang

熊

unta

駱駝

burung unta

鴕鳥

singa

獅子

monyet

猴子

flamingo

紅鶴

nuri

鸚鵡

beruang kutub

北極熊

penguin

企鵝

yu

鯊魚

merak

孔雀

ular

蛇

buaya

鱷魚

penjaga zoo

動物園管理員

anjing laut

海豹

jaguar

美洲豹

kuda

矮種馬

harimau

豹

badak air

河馬

zirafah

長頸鹿

helang

老鷹

babi jantan

野豬

ikan

魚

penyu

龜

anjing laut

海象

musang

狐狸

rusa

羚羊

bola sepak Amerika
橄欖球

berbasikal
騎腳踏車

tenis
網球

bola keranjang
籃球

renang
游泳

tinju
拳擊

hoki ais
冰球

bola sepak
美式足球

badminton
羽毛球

olahraga
田徑

bola baling
手球

ski
滑雪

polo
馬球

lompat
跳

ketawa
笑

peluk
擁抱

berjalan
走路

menyanyi
唱

mimpi
做夢

berdoa
祈禱

cium
親吻

tulis
書寫

lukis
畫

tunjuk
展示

tolak
推

beri
給

ambil
拿

ada

有

buat

做

ialah

當

berdiri

站

lari

跑

tarik

拉

buang

丟

jatuh

摔倒

tipu

躺

tunggu

等待

bawa

攜帶

duduk

坐

pakai

穿衣

tidur

睡覺

bangkit

醒來

lihat pada
看

menangis
哭

strok
擊

sikat
梳頭

cakap
交談

faham
明白

tanya
問

dengar
聽

minum
喝

makan
吃

mengemas
清理

sayang
愛

masak
做飯

pandu
開車

terbang
飛

belayar

航行

kira

計算

baca

讀

belajar

學習

kerja

工作

nikah

結婚

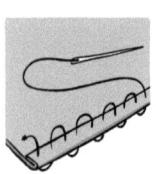

jahit

縫

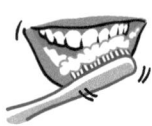

memberus gigi

刷牙

bunuh

殺

asap

抽菸

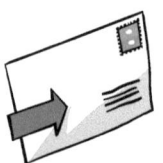

hantar

寄

keluarga
家

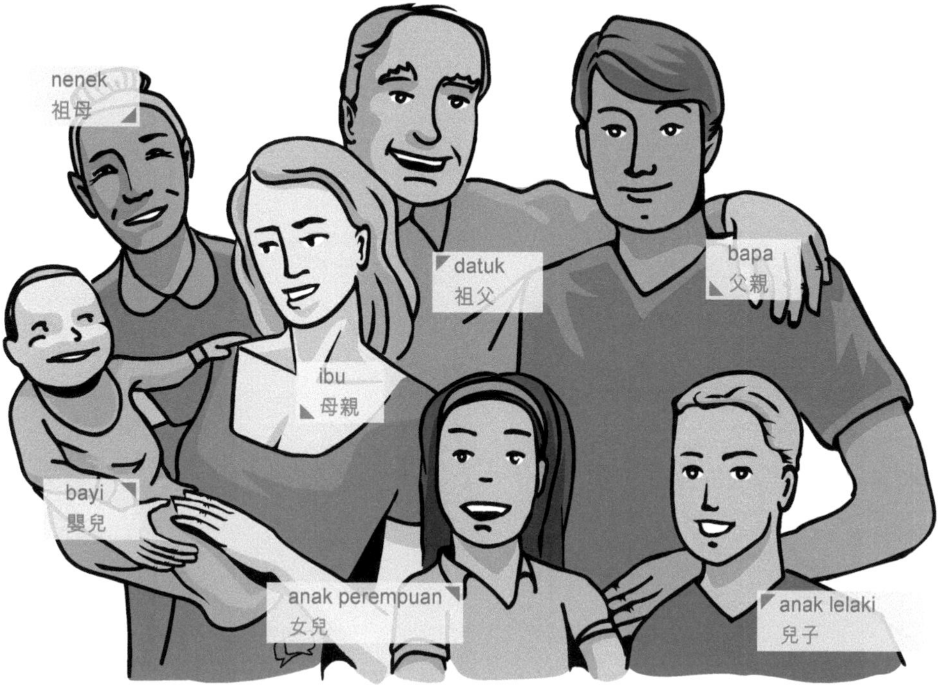
nenek
祖母
datuk
祖父
bapa
父親
ibu
母親
bayi
嬰兒
anak perempuan
女兒
anak lelaki
兒子

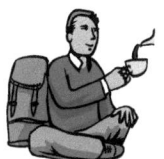

tetamu
客人

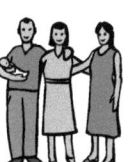

mak cik
阿姨

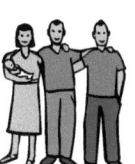

pak cik
叔叔

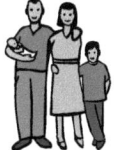

abang
兄弟

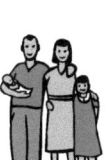

kakak
姐妹

badan
身體

dahi
前額
mata
眼睛
bahu
肩膀
jari
手指
muka
臉
dagu
下巴
tangan
手
kaki
腿
dada
乳房
lengan
手臂

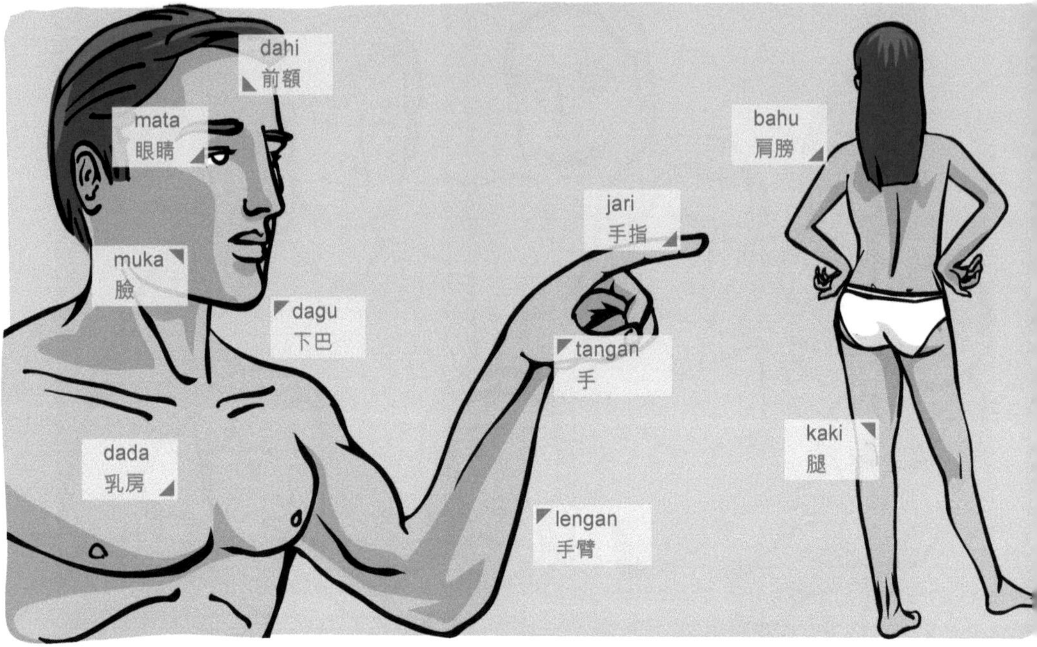

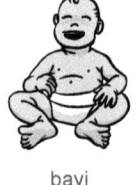

bayi
嬰兒

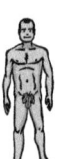

lelaki
男人

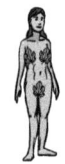

wanita
女人

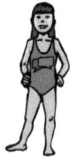

perempuan
女孩

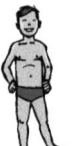

lelaki
男孩

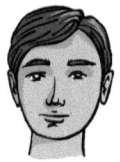

kepala
頭

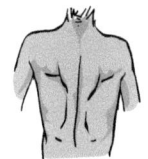

belakang

背部

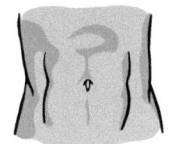

bawah perut

肚子

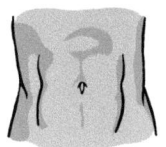

pusat

肚臍

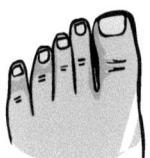

jari kaki

腳趾

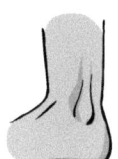

tumit

腳後跟

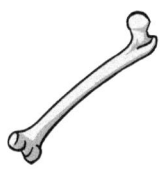

tulang

骨頭

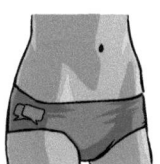

pinggul

臀部

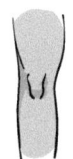

lutut

膝蓋

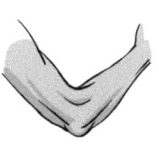

siku

手肘

hidung

鼻子

bawah

屁股

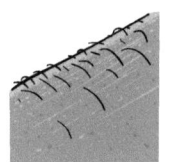

kulit

皮膚

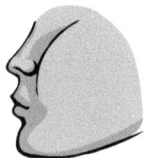

pipi

臉頰

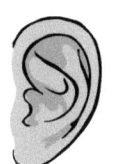

telinga

耳朵

bibir

嘴唇

badan - 身體

mulut

嘴

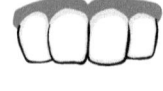

gigi

牙齒

lidah

舌頭

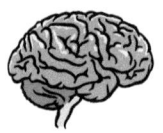

otak

腦

hati

心臟

otot

肌肉

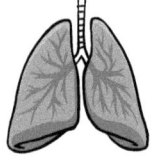

paru-paru

肺

hati

肝臟

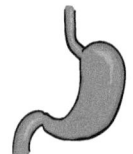

perut

胃

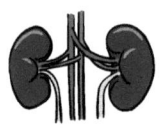

buah pinggang

腎臟

seks

性交

kondom

保險套

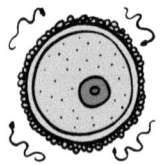

faraj

卵子

mani

精子

mengandung

懷孕

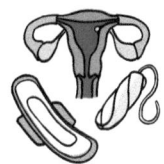

haid

月事

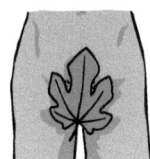

faraj

陰道

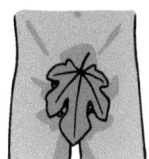

penis

陰莖

kening

眉毛

rambut

頭髮

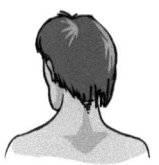

leher

脖子

hospital
醫院

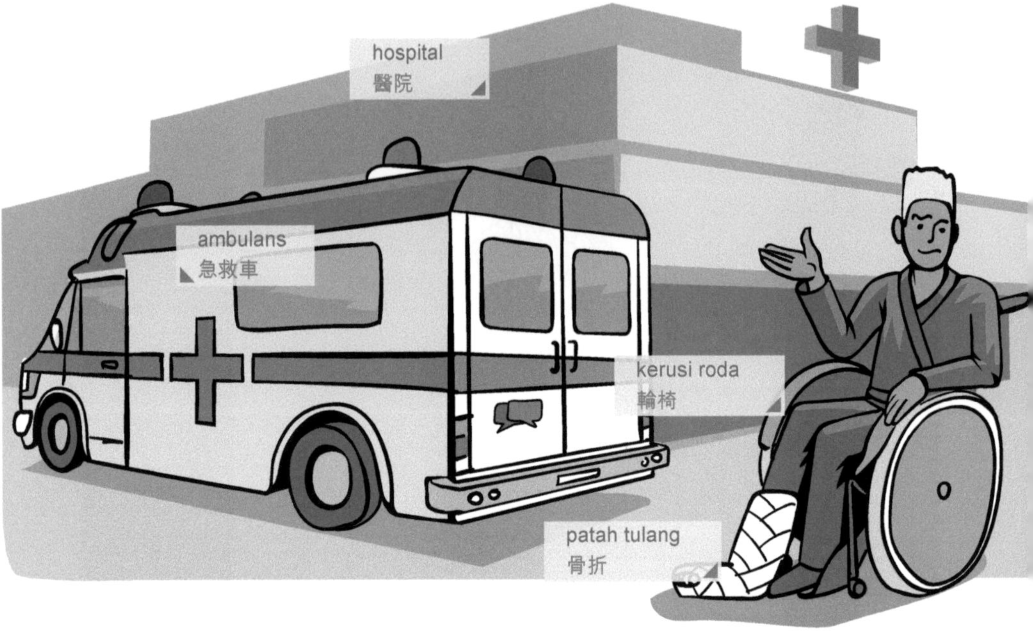

hospital
醫院
ambulans
急救車
kerusi roda
輪椅
patah tulang
骨折

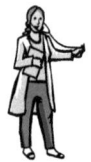

doktor

醫師

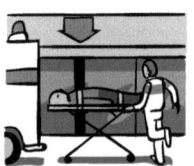

bilik kecemasan

急診室

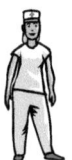

jururawat

護理師

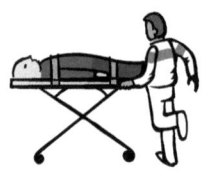

kecemasan

緊急情形

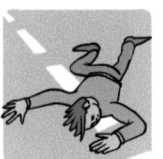

tak sedar

昏迷

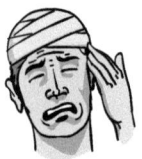

sakit

痛

kecederaan

受傷

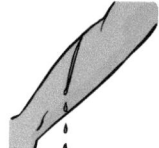

pendarahan

出血

serangan jantung

心臟病發作

strok

中風

alergi

過敏

batuk

咳嗽

demam

發燒

selesema

流感

cirit-birit

腹瀉

sakit kepala

頭痛

kanser

癌症

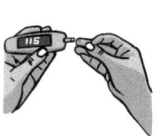

diabetes

糖尿病

pakar bedah

外科醫師

pisau bedah

手術刀

pembedahan

手術

hospital - 醫院

CT

電腦斷層掃描

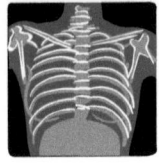

x-ray

X光

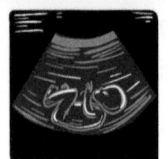

ultrabunyi

超音波

topeng muka

口罩

penyakit

疾病

bilik menunggu

候診室

penongkat

拐杖

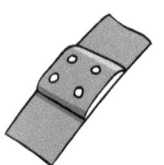

plaster

石膏

pembalut

繃帶

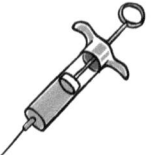

suntikan

注射

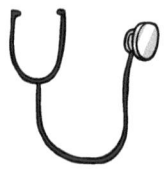

stetoskop

聽診器

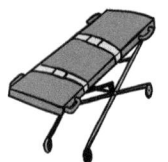

pengusung

擔架

termometer klinik

體溫計

kelahiran

出生

berat badan berlebihan

超重

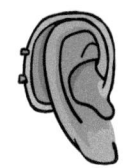

alat pendengaran

助聽器

disinfektan

消毒液

jangkitan

感染

virus

病毒

HIV / AIDS

愛滋病

perubatan

藥物

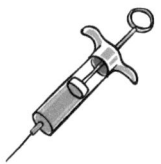

vaksinasi

接種疫苗

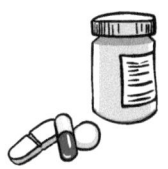

tablet

藥片

pil

藥丸

panggilan kecemasan

急救電話

pantau tekanan darah

血壓計

sakit / sihat

生病/健康

Tolong!
救命！

penggera
警報

serang
突擊

serangan
攻擊

bahaya
危險

pintu kecemasan
緊急出口

Api!
失火了！

alat pemadam api
滅火器

kemalangan
意外

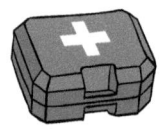

alat pertolongan cemas
急救箱

SOS
呼救訊號

polis
員警

Eropah

歐洲

Amerika Utara

北美洲

Amerika Selatan

南美洲

Afrika

非洲

Asia

亞洲

Australia

澳洲

Atlantic

大西洋

Pasifik

太平洋

Lautan Hindi

印度洋

Lautan Antartik

南冰洋

Lautan Artik

北冰洋

Kutub utara

北極

Kutub Selatan

南極

Antartika

南極洲

bumi

地球

tanah

陸地

laut

海

pulau

島

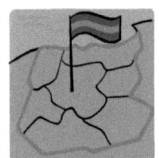

negara

國家

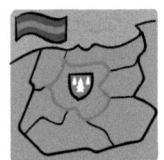

negeri

州

muka jam

錶盤

tangan jam

時針

tangan minit

分針

terpakai

秒針

Jam berapa sekarang

現在幾點？

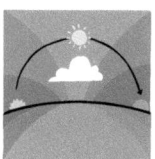

hari

天

masa

時間

sekarang

現在

jam digital

電子錶

minit

分

jam

時

minggu

週

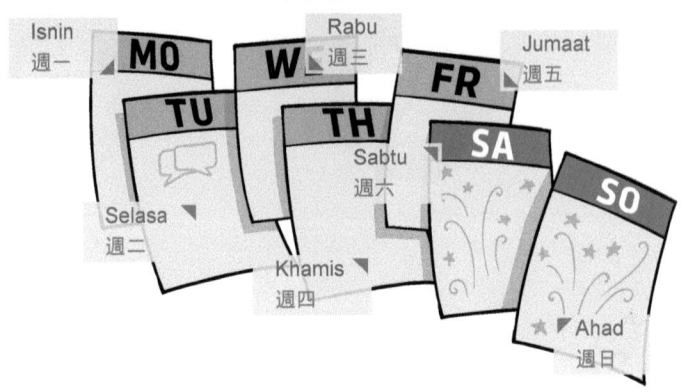

Isnin
週一

Rabu
週三

Jumaat
週五

Selasa
週二

Khamis
週四

Sabtu
週六

Ahad
週日

semalam

昨天

hari ini

今天

esok

明天

pagi

早晨

tengah hari

中午

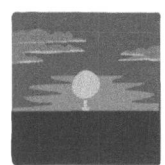

petang

晚上

hari kerja

工作日

hari minggu

週末

tahun
年

hujan
雨
pelangi
彩虹
angin
風
salji
雪
musim bunga
春
musim panas
夏
musim luruh
秋
musim salji
冬

4.APRIL 11°
5.APRIL 4°
6.APRIL 13°
7.APRIL 8°
8.APRIL 10°

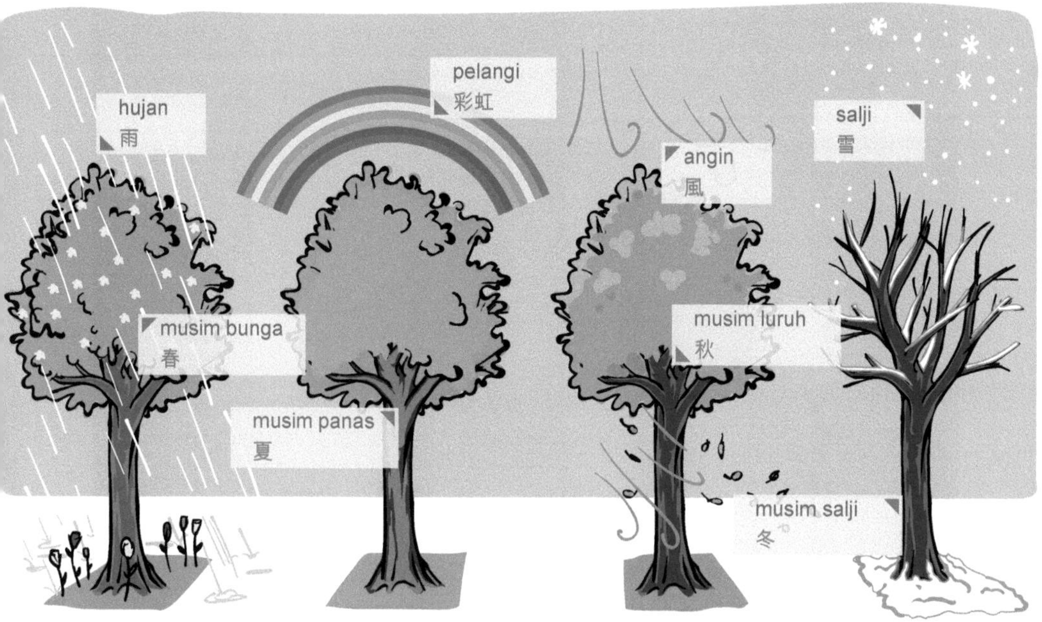

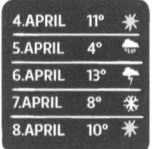

ramalan cuaca

天氣預告

F C
120 40
90 30
60 20
30 10
0 0
-30 -10
-20

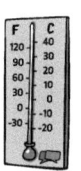

termometer

溫度計

sinar matahari

陽光

awan

雲

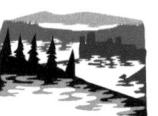

kabus

霧

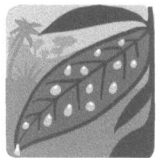

lembapan

潮濕

kilat

閃電

petir

打雷

ribut

風暴

hujan batu

冰雹

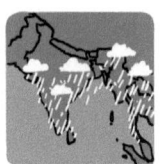

monsun

季風

banjir

洪水

ais

冰

Januari

一月

Februari

二月

Mac

三月

April

四月

Mei

五月

Jun

六月

Julai

七月

Ogos

八月

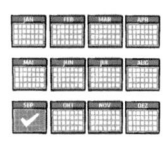

September

九月

Oktober

十月

November

十一月

Disember

十二月

bentuk

形狀

bulatan

圓形

petak

正方形

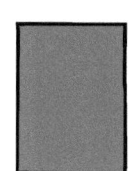

segi empat tepat

長方形

segitiga

三角形

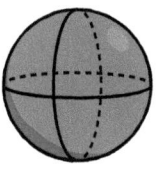

sfera

球體

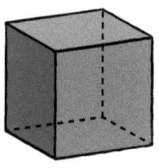

kiub

立方體

putih

白

kuning

黃

oren

橙

merah jambu

粉

merah

紅

ungu

紫

biru

藍

hijau

綠

coklat

棕

kelabu

灰

hitam

黑

banyak / sedikit

很多/少許

marah / tenang

生氣/平靜

cantik / hodoh

美/醜

bermula / tamat

首/尾

besar kecil

大/小

terang / gelap

明/暗

abang / kakak

兄弟/姐妹

bersih / kotor

乾淨/骯髒

lengkap / tidak lengkap

完整/缺失

hari / malam

白天/晚上

mati / hidup

死/生

luas / sempit

寬/窄

boleh dimakan / tidak boleh dimakan

可食用/非食用

jahat / baik

邪惡/善良

teruja / bosan

興奮/無聊

gemuk / kurus

胖/瘦

pertama / terakhir

第一/最後

kawan / musuh

朋友/敵人

penuh / kosong

滿/空

keras / lembut

硬/軟

berat / ringan

重/輕

lapar / dahaga

餓/渴

sakit / sihat

生病/健康

menyalahi undang-undang / undang-undang

非法/合法

pintar / bodoh

聰明/愚笨

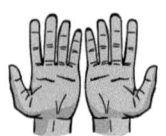

kiri / kanan

左/右

dekat / jauh

近/遠

baru / lama

新/舊

tiada / sesuatu

沒有/有些

tua / muda

老/幼

hidup / mati

開/關

terbuka / tertutup

打開/闔上

diam / bising

安靜/吵鬧

kaya / miskin

富/窮

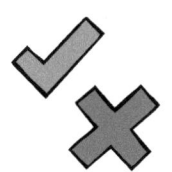

betul / salah

對/錯

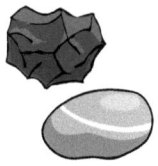

kasar / halus

粗糙/光滑

sedih / gembira

傷心/高興

pendek / panjang

短/長

lambat / laju

慢/快

basah / kering

濕/乾

panas / sejuk

溫暖/涼爽

berperang / berdamai

戰爭/和平

nombor

0

sifar

零

1

satu

一

2

dua

二

3

tiga

三

4

empat

四

5

lima

五

6

enam

六

7

tujuh

七

8

lapan

八

9

sembilan

九

10

sepuluh

十

11

sebelas

十一

12

dua belas

十二

13

tiga belas

十三

14

empat belas

十四

15

lima belas

十五

16

enam belas

十六

17

tujuh belas

十七

18

lapan belas

十八

19

Sembilan belas

十九

20

dua puluh

二十

100

ratus

百

1.000

ribu

千

1.000.000

juta

百萬

Bahasa Inggeris

英語

Bahasa Inggeris Amerika

美式英語

Bahasa Cina Mandarin

普通話

Bahasa Hindi

印地語

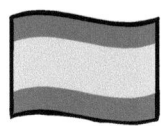

Bahasa Sepanyol

西班牙語

Bahasa Perancis

法語

Bahasa Arab

阿拉伯語

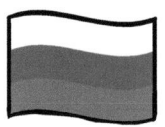

Bahasa Rusia

俄語

Bahasa Portugis

葡萄牙語

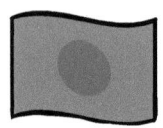

Bahasa Benggali

孟加拉語

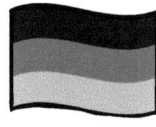

Bahasa Jerman

德語

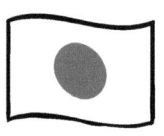

Bahasa Jepun

日語

saya

我

anda

你

dia / dia / ia

他/她/它

kita

我們

anda

你們

mereka

他們

siapa?

誰？

apa?

什麼？

bagaimana?

如何？

di mana?

何處？

bila?

何時？

nama

名字

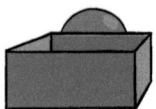

belakang

後面

dalam

裡面

di hadapan

前面

lebih

上方

pada

上面

di bawah

下麵

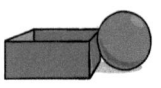

bersebelahan

旁邊

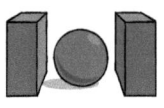

antara

中間

tempat

地點